独龙江与独龙族
——高山峡谷人地复合系统35年变化

何大明　著

科学出版社
北　京

内 容 简 介

独龙江是流经中国、缅甸的独龙江—伊洛瓦底江的上游，聚居于此的独龙族是中国与缅甸跨境而居的民族，其独特自然环境与人文要素密切耦合，成为典型的高山峡谷人地复合系统。因地域封闭，通行困难，鲜为人知，独龙江与独龙族曾分别被认为是"极边秘境"和"太古之民"。

2014年，独龙族群众等了50年的独龙江—贡山公路常年通车后，这里彻底告别了每年因大雪封山而与世隔绝的历史，其社会经济与生态环境发生了翻天覆地的变化。为了客观地展现这些变化，本书从作者三十多年前3次考察的照片和最近十年3次考察的照片中，选取部分照片，精心整理为5章，直观地对比呈现独龙江与独龙族这一高山峡谷人地复合系统35年的变化。

本书可供从事山区资源环境、社会经济和民族文化利用与保护的科技人员、管理人员，以及野外科考与摄影爱好者参考。

图书在版编目(CIP)数据

独龙江与独龙族：高山峡谷人地复合系统35年变化 / 何大明著. -- 北京：科学出版社，2025. 6. -- ISBN 978-7-03-081871-3

Ⅰ. K927.4

中国国家版本馆CIP数据核字第20250LU443号

责任编辑：郑述方 李小锐 / 责任校对：彭 映
责任印制：罗 科 / 封面设计：壬田文化

科 学 出 版 社 出版
北京东黄城根北街16号
邮政编码：100717
http://www.sciencep.com

四川煤田地质制图印务有限责任公司印刷
科学出版社发行 各地新华书店经销
*
2025年6月第 一 版 开本：787×1092 1/12
2025年6月第一次印刷 印张：14
字数：330 000
定价：188.00元
(如有印装质量问题，我社负责调换)

前言

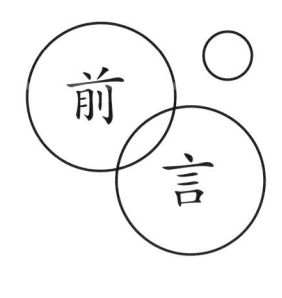

独龙江流域，两山并耸，一江纵贯。自北而南，流域自然与人文环境变化多端，地域分异明显。其东岸为高黎贡山，西岸为担当力卡山，上游为青藏高原，下游是人迹罕至的缅甸北部。因地域封闭、通行困难，鲜为人知，独龙江与独龙族曾分别被认为是"极边秘境"和"太古之民"。

独龙江与独龙族，其独特自然环境与人文要素密切耦合，是典型的高山峡谷人地复合系统。通公路前，因高山阻隔，道路艰险，科学家对这里的研究很少，多学科综合性考察和研究几乎是空白。

1989年秋，笔者带队从贡山县城进独龙江，徒步翻越高黎贡山，需要4天3晚，途中只有两个条件很差的驿站可以住宿，其艰难困苦，难以言表。1989～1994年，3次带队深入独龙江流域，开展了为期6年的独龙江资源环境科学考察和独龙族社会经济综合调查研究，填补了这里综合研究的空白，出版了《独龙江和独龙族综合研究》（何大明，李恒，1996）、《高山峡谷人地复合系统的演进——独龙族近期社会、经济和环境的综合调查及协调发展研究》（何大明，胡岗，高应新，等，1995）两本著作。

近十年来，独龙江流域的社会经济发生了翻天覆地的变化，在流域内开展科学考察、田野调查和室内工作的条件得到极大改善，与其他区域已无太大的差别。在通公路后的2016年1月、2019年4月、2023年10月，笔者3次驱车进独龙江开展短期考察，每次都能感受到这里日新月异的发展态势。

2014年独龙江—贡山公路全年通行后，独龙江流域彻底告别了与世隔绝的历史，迈上了跨越式发展的轨道，很快实现了"一步跨千年"的历史性跨越，独龙族成为"直过民族"和人口较少民族精准脱贫的成功典范。当前，绿色发展与生态保护是乡村振兴的重点，更是独龙族美丽乡村建设的关键措施。这方面的工作，目前看来，总体是好的，但也面临一些问题，如林下产品开发与生物多样性保护问题、乡村振兴与整体发展问题、乡村治理与生态环境管理问题等。

面对独龙江和独龙族这样独特的人地复合系统，在乡村工作重点从脱贫攻坚向全面推进乡村振兴之际，需要综合协调生态文化体系、生态经济体系、生态文明制度体系和生态安全维护体系，保障该区人地复合系统的和谐与可持续发展。

本书不是专业的影集，里面可能还有疏漏之处。在选取照片的过程中，尽量保护相关人员的肖像权；对于个别照片，因跨越时间较长难以确认当事人，如有不妥，还请海涵！

二〇二四年八月

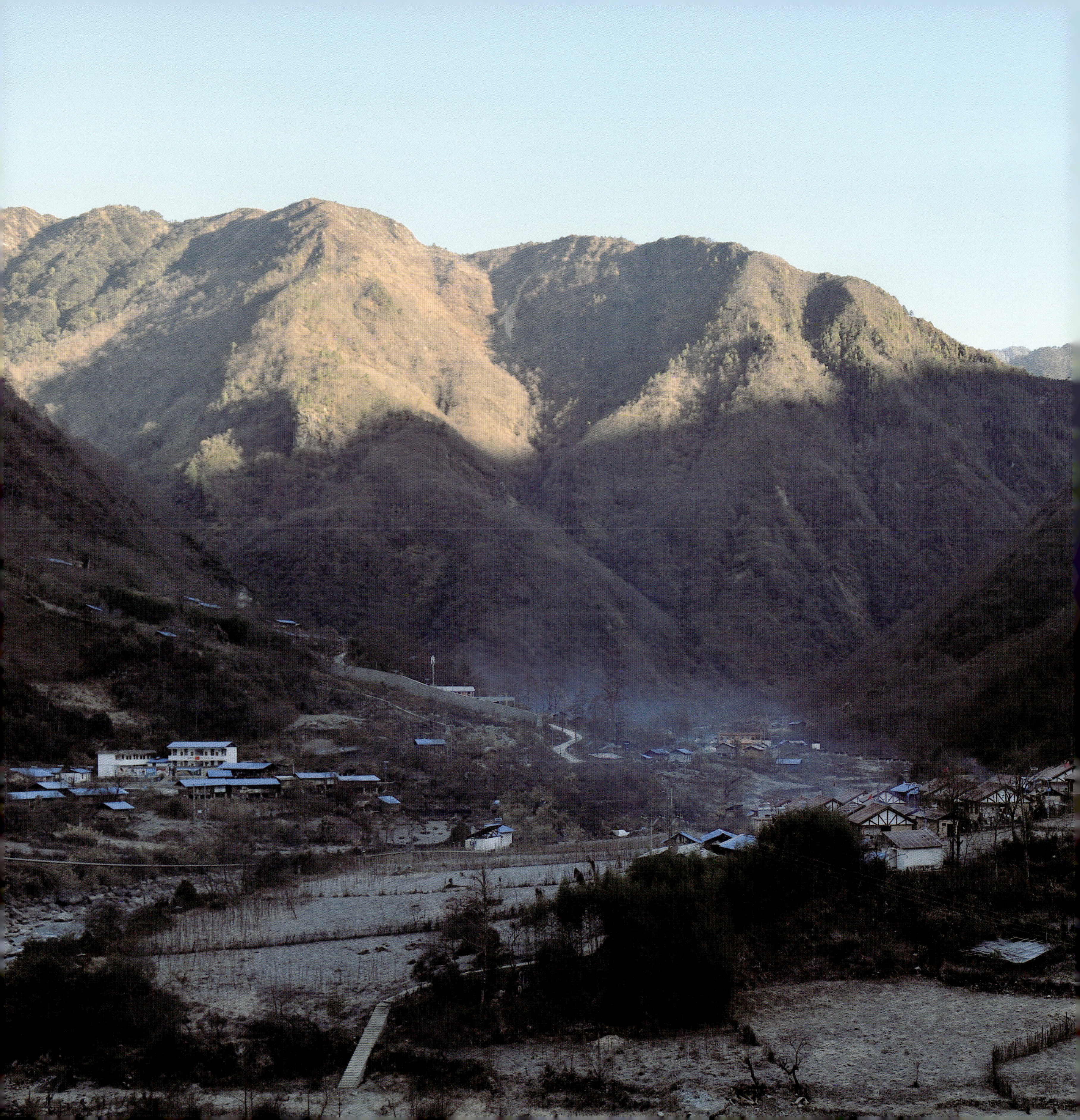

目录 CONTENTS

第一章　科学考察与田野调查 ... 001

第二章　高山峻岭与神秘河谷 ... 019
　　第一节　河谷森林景观 ... 020
　　第二节　河谷流水景观 ... 034
　　第三节　河谷人地复合景观 ... 052

第三章　交通发展与土地利用 ... 073
　　第一节　交通运输变化 ... 074
　　第二节　土地利用变化 ... 089

第四章　社会经济与人居环境 ... 107
　　第一节　村镇人居环境变化 ... 109
　　第二节　生活条件变化 ... 117
　　第三节　居住条件变化 ... 121
　　第四节　医疗卫生条件变化 ... 130
　　第五节　教育条件变化 ... 134

第五章　绿色发展与生态保护 ... 139
　　第一节　乡村建设与耕地保护 ... 141
　　第二节　乡村管理与旅游业发展 ... 146
　　第三节　民族文化传承与保护 ... 151
　　第四节　乡村振兴与生态保护 ... 155

第一章

科学考察与田野调查

独龙江-伊洛瓦底江，源于我国西藏自治区察隅县伯舒拉岭东麓，流经中国、缅甸，是一条两国共享的国际河流。干流的两国分界点在中国云南省独龙江乡马库村下游（图1-1）。分界点上游，在中国境内称独龙江，是我国独龙族的主要聚居区；独龙江出境后称恩梅开江，恩梅开江以下称伊洛瓦底江。在缅甸境，伊洛瓦底江被称为母亲河。

独龙江和独龙族，曾分别被称为"俅江""俅人"。1952年，在周恩来总理关怀下，有关部门将"俅人"确定为独龙族，"俅江"也更名为独龙江。因地域封闭、通行困难，鲜为人知，独龙江与独龙族曾分别被认为是"极边秘境"和"太古之民"。历史上，对该区资源环境和社会经济的田野调查和科学考察，大都是20世纪80年代后开展的。

图1-1　独龙江下游中国-缅甸界碑（摄于2016/01）

1989～1994年，在国家自然科学基金和国家社会科学基金项目及云南省科学技术委员会和民族事务委员会、中国科学院昆明分院和怒江州政府的支持下，何大明、李恒、高颖新、胡刚等组织20多个专业的50多位科研人员，开展了为期6年的独龙江资源环境科学考察和独龙族社会经济综合调查研究，"从根本上改变了该地区和独龙族的研究状况"。此后，又开展了多次短期考察。每次进独龙江，都能感受到这里的快速变化与发展。

1989年第一次进独龙江，也是第一次带队深入秘境开展野外考察，有太多担忧甚至恐惧，在翻越垭口之前，给每个队员拍了工作照（图1-2）。

图1-2　率队翻越高黎贡山垭口前的工作留影（摄于1989/09）

公路开通前，从云南贡山县城进入独龙江的中下游地区，必须翻越海拔3880米的高黎贡山垭口（图1-3）。

图1-3　1989年（上图）/1992年（下图）率队翻越高黎贡山垭口

公路开通后的野外工作条件，发生了翻天覆地的改善。目前，在这里开展科学考察和研究，条件较好（图1-4）。

图1-4 驱车翻越雪山垭口（摄于2019/04）

图1-5 率队考察独龙江上游时在高黎贡山垭口休息（摄于1990/10）

公路修通前，从流域下游进入上游十分困难，需要沿怒江干流徒步从西藏察隅县察瓦龙乡翻越海拔约5000米的高黎贡山垭口进入独龙江上游（图1-5）。

1989年，从贡山县城进独龙江，徒步需要4天3晚。第一天住齐期驿站（图1-6）。该驿站条件不如东哨房，因其处于湿热河谷地带，蚊子、跳蚤等极多，很难睡个好觉。

图1-6 考察队共10人入住的齐期驿站（摄于1989/09/21）

第二天住东哨房驿站（图1-7），海拔3100米。因是进独龙江翻垭口前的最后一个驿站和出独龙江翻垭口后的第一个驿站，又称救命房。第一次到这里时，米饭怎么也煮不熟，后来才知道需要用高压锅煮饭。

第三天住高黎贡山西坡三队，这里没有任何可以住宿的建筑物，只好搭帐篷（图1-8）。第四天到达独龙江乡巴坡村。途中的这些驿站，对保持道路的畅通和行人安全至关重要，但在独龙江公路修通后都逐渐被弃用了。

图1-7　东哨房驿站（摄于1989/09/22）

图1-8　在高黎贡山西坡露宿返回途中（摄于1989/10/26）

图1-9 修建得最好的人马驿道局部（摄于1992/07）

图1-10 从东哨房驿站至巴坡途中从石壁上攀爬而过（摄于1992/07/18）

1992年6～8月，第三次率队进独龙江流域考察。这次的主要任务是对独龙族"近期社会、经济的田野调查和环境综合考察"。与前两次相比，个别短距离的驿道修建好了。这次的考察队员中，增加了民族经济、历史文化和医疗卫生专业的人员，包括独龙江流域出生、中央民族大学毕业的独龙族人员罗荣芬（图1-9）。

进入独龙江流域，高黎贡山东坡地形较陡峻，坡度大的地方，泥土滑落后露出光滑的岩坡，行走时得特别小心（图1-10）。

独龙江夏天湿热多雨,野外考察难以回避的最大问题就是蚂蟥太多,防不胜防。在下游河谷地带,经常有人行走的路上,以及草地上、树上、石头上、水边,蚂蟥多到让人恐惧。如果是早上第一批人行走,前面的人会听到蚂蟥追赶的声音(像桑蚕吃桑叶的声音)。蚂蟥多出现在雨季,第一次进独龙江前,在贡山县城买了绑腿,在县政府招待所架上大铁锅,放入旱烟叶与水一起煮,晒干后再绑在腿上,防止蚂蟥往身上爬。第一次考察和第三次考察时,都有队员被蚂蟥多次叮咬,有的晚上做噩梦大叫蚂蟥。如果冬春季节(旱季)进去,蚂蟥就很少,在河谷地带可以放心行走。公路开通后,路上人车行走较多,路面上的蚂蟥相对少见(图1-11)。

图1-11　公路开通后冬季在独龙江河谷考察(摄于2016/01)

图1-12 在乡政府办公楼打地铺（摄于1989/10）

公路修通前，整个独龙江流域没有任何住宿接待设施。当时住宿最好的条件是住在乡政府办公楼或小学（图1-12、图1-13）。

图1-13 木当村小学（摄于1989/10）

往上游考察,来到木当村小学,因下大雨,考察队住木当村小学休整(图1-14)。

图1-14 在木当村小学"火塘"包饺子(摄于1989/10)

在一些没有小学或村公所的自然村,寻找合适的住宿场地往往很困难。有时虽找到农户,却没有足够大的"火塘"来打地铺(图1-15)。第一次进独龙江考察时因经费紧张,野外用品难以保障。住在钦郎当村这一晚上,晚饭时只拿了4根瘦小的广味香肠、切成8节煮。开饭时,不知谁多吃了一节,有一个人没吃着,用手电筒一个个碗里查找,也未查到是谁多捞了一节。

图1-15 钦郎当村一农户(摄于1989/10)

如今，这里的新农村面貌焕然一新，与以往相比，不仅有了养老院，还可以在条件很好的农家乐吃到可口的饭菜（图1-16）。

第一次独龙江中下游流域资源环境考察完成后，在返回翻越高黎贡山的前一天，考察队员集中向独龙江乡政府领导汇报考察情况（图1-17、图1-18）。

图1-16　钦郎当村的农家乐餐馆（摄于2023/10）

图1-17　集中向乡政府领导汇报考察情况（摄于1989/10）

图1-18 考察队员与独龙江乡政府工作人员合影(摄于1989/10)

图1-19 考察队员在日东乡冒雨观看亚运会开幕式实况转播（摄于1990/09）

图1-20 在龙元村公所集中调查（摄于1992/07）

　　第二次考察（独龙江上游），重点考察独龙江上游的日东乡（日东河流域，藏族聚居区），发现其耕地资源和经济条件较下游的独龙族聚居区要好。在考察期间，正值我国首次举办亚运会（1990年9月22日至10月7日），考察队员与部分武警官兵和外地民工冒雨观看亚运会开幕式实况转播（图1-19）。

　　在独龙江乡进行社会经济田野调查时，主要工作是走村串户，对设定的问卷进行入户调查。由于地形陡峻，耕地分散且距离家较远，白天农户大都到地里干活去了，所以经常是在晚上进行入户调查，能在村公所集中开展问卷调查的机会很少（图1-20）。

图1-21　第一次驱车进独龙江考察（摄于2016/01）

进独龙江的公路改建后（2014年），独龙江的社会经济进入快速发展阶段，在流域内开展科学考察、田野调查和室内工作的条件得到极大改善，与其他地区已无太大的差别（图1-21）。

为了对比30多年来独龙江流域社会经济和生态环境的变化，2023年10月，第6次进入独龙江流域考察，重点补拍了系列照片。

第二章

高山峻岭与神秘河谷

独龙江流域，两山并耸，一江纵贯，大体呈南北走向的狭长形。在斯任村附近，支流麻毕洛河和克劳洛河两支流交汇，交汇点以上至源头可划分为上游（克劳洛河属正源，其在西藏境内称日东河）；交汇点以下至孔当村可划分为中游；孔当村以下至出境点可划分为下游。自北而南，流域自然与人文环境变化多端，地域分异明显。

往下游，至马库一带，河谷渐宽，人类活动增强，坡耕地增多。越往上，河谷宽窄相间，降水逐渐减少，谷底地带坡耕地多，生态系统受人类活动影响强烈。公路修通后，原来极为分散的居民点，逐渐往交通条件好、海拔低的河谷地带集中，得益于持续的陡坡地退耕还林和强有力的生态环境保护，目前整个独龙江河谷，几乎全为森林覆盖。

第一节　河谷森林景观

独龙江下游，从钦郎当河段到吉木登河段，地形陡峻，高山峡谷，江水奔腾，水汽充盈，林壑幽深，人类活动影响相对小，景观优美（图2-1至图2-6）；在原乡政府所在地巴坡河段，人类活动强度大，河谷地带的森林景观逐渐消失（图2-7）；至独龙江中上游地区，河谷森林生态系统保护得都很好（图2-8至图2-13）。

图2-1　钦郎当河段的支流河谷森林景观（摄于2023/10）

图2-2 钦朗当河段的干流河谷森林景观（摄于2016/01）

独龙江与独龙族——高山峡谷人地复合系统35年变化

（摄于1989/09）

022

（摄于2023/10）

图2-3　马库河段的河谷森林景观

图2-4　肖旺当河段的河谷森林景观（摄于2023/10）

图2-5　独雾当河段的河谷森林景观（摄于2023/10）

图2-6　吉木登河段的河谷森林景观（摄于2023/10）

图2-7 腊配河段的河谷森林景观（摄于1989/10）

图2-8 巴坡河段的河谷森林景观（摄于2016/01）

图2-9 龙元河段的河谷森林景观(摄于2023/10)

图2-10　雄当河段的河谷森林景观（摄于2021/04，王文玲提供）

（摄于1989/10）

（摄于2023/10）

图2-11　迪政当河段的河谷森林景观

图2-12 克劳洛河段的河谷森林景观（摄于2023/10）

图2-13 日东乡河段的河谷森林景观（摄于1990/09）

图2-13 （续）

图2-13 （续）

第二节 河谷流水景观

独龙江流域降水丰沛,河流景观多姿多彩,四季斑斓。其中,以瀑布和急流险滩流水景观最为壮观,如下游河流出境前的钦郎当瀑布,曾被称为滇西最大的瀑布。

钦郎当瀑布四季的水量变化极大。雨季水量较大,特别是当一场大雨之后,瀑布上游河水暴涨,瀑布顺流而下犹如千军万马,离瀑布十多米即撑不住伞(图2-14)。到秋季,即使是大雨之后,瀑布的水量也不如夏季大(图2-15)。到了冬季,瀑布水量更小,变成了涓涓细流(图2-16)。

图2-14 钦郎当瀑布景观(摄于1989/10)

图2-15 钦郎当瀑布景观（摄于2023/10）

图2-16 钦郎当瀑布景观（摄于2016/01）

独龙江水系基本属于羽状水系,支流众多,汇入干流时间短。涨水时,河水陡涨陡落,流水景观多变。枯水期,主要是冬春季,降雨少,河水主要靠地下水和高山冰雪融水补给,河水清澈,色彩斑斓(图2-17至图2-20)。

图2-17　钦郎当河段的水流景观(摄于2016/01)

图2-18 巴坡河段的流水景观（摄于2016/01）

图2-19　孔当河段支流的流水景观（摄于2023/10）

图2-19 （续）

图2-20 献九当河段的流水景观(摄于2016/01)

由于流域森林植被覆盖率高,地表枯枝落叶层厚,雨季洪水颜色偏深(图2-21至图2-23)。秋季,流域降水仍较多,多急流险滩(图2-24至图2-29)。进入流域上游,河谷相对宽浅,水面开阔且水流平缓(图2-30、图2-31)。

图2-21　献九当河段的急流险滩景观(摄于2023/10)

图2-22 龙元河段的急流险滩景观(摄于2023/10)

图2-23 迪政当河段的流水景观（摄于2016/01）

图2-24　独雾当河段的流水景观（摄于2023/10）

图2-25　独雾当河段的急流险滩景观（摄于2023/10）

图2-26　肖旺当河段的急流险滩景观（摄于2023/10）

图2-27 巴坡河段的急流险滩景观(摄于2023/10)

图2-28 支流普卡旺汇入干流的水势看上去比干流还汹涌澎湃 （摄于2023/10）

图2-29 孔当河段的急流险滩景观（摄于2023/10）

图2-30　支流麻毕洛河与干流克劳洛河汇合口的景观（摄于2023/10）

图2-31　上游日东河的景观（摄于1990/10）

图2-31 (续)

第三节　河谷人地复合景观

独龙江流域地广人稀，人地关系密不可分，在长期互相适应、互相依存的共生过程中，形成了独特的人地复合景观。除地势相对开阔的上游外，在中下游狭窄、陡峻的高山峡谷中，人居环境多集中分布在河谷两岸的阶地或台地上（图2-32至图2-42）。

图2-32　肖旺当河段的人居环境景观（摄于2023/10）

（摄于1989/09）

（摄于2016/01）

图2-33 巴坡河段的人居环境景观

图2-34　现已弃的巴坡河段早期移民安置点（摄于2016/01）

图2-35 巴坡河段的人居环境景观(摄于1989/09)

（摄于2016/01）

图2-36　孔当村河段的人居环境景观

（摄于2023/10）

图2-36 （续）

独龙江与独龙族——高山峡谷人地复合系统35年变化

（摄于2016/01）

图2-37　迪兰村河段的人居环境景观

（摄于2023/10）

图2-37 （续）

（摄于2016/01）

图2-38 白来村河段的人居环境景观

（摄于2023/10）

图2-38 （续）

图2-39 龙元村河段的人居环境景观（摄于2016/01）

（摄于1989/09）

（摄于2016/01）

（摄于2023/10）

图2-40　迪政当河段的人居环境景观

图2-41　支流麻毕洛河汇入干流的交汇处(摄于1989/10)

图2-42　上游日东河段的人居环境景观(摄于1990/09)

这些人居环境景观,不管是住房、村庄还是道路、桥梁等(图2-43至图2-50),在河谷的上中下游(图2-51),都有较明显的变化,除受到当地自然环境的制约外,还与其所处的民族传统文化和社会经济条件有关。

图2-43　独雾当河段的吊桥–河谷景观（摄于2023/10）

图2-44 肖旺当河段的吊桥-河谷景观（摄于2023/10）

(摄于1992/07) (摄于2016/01)

图2-45 巴坡河段的吊桥-河流景观

图2-46　孔当河段的宾馆–公路桥景观（摄于2023/10）

图2-47　白来村河段的新吊桥–河流景观（摄于2023/10）

图2-48　白来村河段的老吊桥–河流景观（摄于2023/10）

图2-49 雄当村河段的吊桥-河流景观（摄于2016/01）

图2-50　克劳洛村河段的吊桥–河流景观（摄于2023/10）

图2-51　上游日东河段的河谷景观（摄于1990/09）

第三章

交通发展与土地利用

第一节 交通运输变化

交通运输是所有山区发展的关键制约因素,"要致富,先修路"。交通运输体系建设与发展也是山区社会经济和生态环境变化的关键驱动因素。在独龙江流域,更是如此。

独龙江通公路,独龙江人民等了五十年。独龙江公路的修建,得到了党和国家领导人、政府和社会的大力支持(图3-1)!

图3-1 国家对独龙江公路建设的支持

1964年，马帮路修通后，从贡山到独龙江由7天缩短到3天，但每年有漫长的大雪封山，通行时间短（最佳时间为10～11月）；1999年，修通进独龙江的简易公路，行程从3天缩短为7小时，但每年仍然有半年难以通行；2014年，独龙江公路改造工程完成，公路长度从96.2公里缩短到79公里，行程从7小时缩短到3小时，全年可通行。

公路修通后，原来进入独龙江的人马驿道，已基本失去其交通运输的服务功能。公路改造完成后，独龙族聚居区曾经的主要交通设施，如驿站、溜索（图3-2）、简易吊桥（图3-3至图3-5）、藤桥、藤网桥、简易便桥、天梯等，大多数已经消失或正在消失，但在上游或支流的少数村寨，还在利用（图3-6至图3-11）。通常，人们会认为过溜索危险，其实，溜索比吊桥安全多了。

图3-2　龙元河段已经消失的溜索（摄于1989/10）

图3-3 公路修通前随处可见的简易吊桥（马库—钦郎当河段，摄于1992/07）

图3-4 巴坡河段老的吊桥（摄于1992/07）

图3-5　孔当河段正在修建中的吊桥（摄于1992/10）

图3-6　巴坡河段条件较好的吊桥（摄于2016/01）

图3-7　马库–钦郎当河段还保留了个别早期的吊桥（摄于2023/10）

图3-8 白来河段仍保留的条件较好的人马吊桥（摄于2023/10）

图3-9 龙元河段仍在使用的条件较好的老吊桥（摄于2023/10）

图3-10　冷当河段新老吊桥的对比（左图摄于1992/08；右图摄于2023/10）

图3-11　公路修通前的人马驿道和人背马驮运输方式（摄于1992/08）

公路修通前，人背马驮是主要的交通运输方式（图3-11），现在已很少看到。以前从马库村到钦郎当村，往返都要爬天梯；目前，仅在个别林下草果采集点能见到（图3-12）。在整个河谷地带，吊桥（图3-13至图3-15）仍是主要的交通方式。

图3-12　马库河段的天梯（左图摄于1989/10；右图摄于2023/10）

图3-13　龙元河段新的吊桥（摄于2023/10）

图3-14 独雾当上游河段的新吊桥(上图：正面；下图：侧面　摄于2023/10)

图3-15　麻毕洛河段的新吊桥（上图：正面；下图：侧面　摄于2023/10）

目前，在独龙江流域中下游的干流上，已建设多座公路桥（图3-16、图3-17），开通了交通车；在一些村委会所在地，还修建了统一的候车站（图3-18）。但在一些支流上，村户之间仍然在用简易便桥（图3-19）。

图3-16 巴坡河段的公路桥(摄于2016/01)

图3-17　白来河段的公路桥（上图：正面；下图：侧面　摄于2023/10）

图3-18 龙元河段的候车站（摄于2023/10）

图3-19 支流麻毕洛河段仍然在使用的简易便桥（摄于2021/04，王文玲提供）

第二节　土地利用变化

公路修通后,独龙江流域的人居环境也发生了极大变化,从分散到聚居,聚落规模不断扩大。主要有两个趋势:从交通条件差的山上搬迁到交通条件好的河谷地带;从偏远的干流河谷两端向土地资源和经济条件好的河谷中部地带集中。其中,公路沿线自然条件相对好(地势开阔、耕地多)的村寨,聚落环境变化较大,如龙元村、雄当村、冷当村、钦郎当村等;一些地形或交通条件差的村寨,变化相对慢一些,如迪兰村;一些景点的生态环境变化很大,如钦郎当村瀑布。

钦郎当村紧邻缅甸,过去只有几户人家,极为闭塞、贫困。1989年到这里考察时,当地生活极为艰苦;公路修通后,村镇建设导致原有的农田基本消失(图3-20)。钦郎当河段的瀑布,号称滇西最大的瀑布,声名远扬。公路修通前,去往边境点要从瀑布下面穿过,很危险。公路修通后,瀑布成为主要开发景点,修建了宽大的观景平台(图3-21)。

图3-20　钦郎当村的土地利用变化(左图摄于1989/10;右图摄于2023/10)

(摄于1989/10)　　　　　　　　　　　　　　　　　　（摄于2016/01）

图3-21　钦郎当村瀑布的变化

　　在独龙江干流河谷，从下游到上游，土地利用变化的时空差异性极为突出（图3-22至图3-33）。三十多年前的河谷地带，坡耕地随处可见，只在小范围坡度陡峻的地方能看到森林。进独龙江的公路全年通行后，随着社会经济的发展，过去粗放式的土地利用方式逐渐减退，生态环境保护得到加强，现在的陡坡耕地很少见到，大部分河谷地带满眼皆是绿色。

图3-22 马库河段的坡耕地（摄于1989/10）

独龙江与独龙族——高山峡谷人地复合系统35年变化

图3-23 独龙江上游日东乡的土地利用情况（摄于1990/09）

图3-24　马库河段森林植被退化状况（摄于1992/07）

图3-25 马库河段森林植被恢复状况(摄于2019/04)

图3-26　巴坡河段的坡地耕种状况（摄于1989/09）

（摄于2016/01）

（摄于2023/10）

（摄于2024/01）

图3-27　孟定河段的坡地耕种状况

独龙江与独龙族
——高山峡谷人地复合系统35年变化

（摄于1989/10）

（摄于2016/01）

（摄于2023/10）

图3-28 迪兰河段的土地利用状况

（摄于1989/10）　　　　　　　　　　　　　　　（摄于2016/01）

（摄于2023/10）

图3-29　献九当河段的土地利用状况

（摄于2021/04）

（摄于2023/10）

图3-30　白来河段的土地利用状况

(摄于1989/10)　　(摄于2016/01)

(摄于2021/04)　　(摄于2023/10)

图3-31　龙元河段的土地利用变化

（摄于1989/10）

（摄于2016/01）

（摄于2023/10）

图3-32 迪政当河段的土地利用变化

独龙江与独龙族——高山峡谷人地复合系统35年变化

（摄于1989/10）

（摄于2016/01）

（摄于2021/04）

（摄于2023/10）

图3-33　雄当村的土地利用变化

第四章

社会经济与人居环境

独龙江流域虽然拥有丰富的自然资源和独特的民族文化资源,但其历史上长期处于与外界几乎隔绝的环境中,制约了社会经济的发展,导致独龙族人民长期处于极端的贫困状态。2014年,独龙江公路全年通行后,独龙族人民彻底告别每年有半年因大雪封山而处于与世隔绝的历史,迈上了跨越式发展的轨道,很快实现了整体脱贫的壮举。

2018年,独龙江乡6个村整体脱贫,实现了"一步跨千年"的历史性跨越,是"直过民族"和人口较少民族精准脱贫的成功典范。其中,全乡农民人均纯收入6122元,安全住房保障率100%,适龄儿童入学率100%。2021年,孔当村人均收入1.18万元。2022年,全乡户均收入达到1.6万元,户均存款超过5万元。

历史上,独龙族坚信"盐自东方来"。今天,整体脱贫后,更衷心地感谢党中央的关心、关爱,感谢政府和社会各界的大力支持(图4-1)。

图4-1　独龙江上游克劳洛村民委员会(摄于2023/10)

第一节　村镇人居环境变化

历史上，由于交通条件的制约，独龙江的基础设施建设严重滞后，从乡政府用房、部队营房到居民用房，都极为简陋（图4-2至图4-5）。公路修通后，包括住房在内的各种基础设施建设也得到了跨越式发展。

图4-2　独龙江乡原乡政府大楼（摄于1989/10）

图4-3　乡政府搬迁后原来的乡政府大楼很快衰败了（摄于2016/01）

图4-4　早期的巴坡村只有不足100米长的"街道"（摄于1989/09）

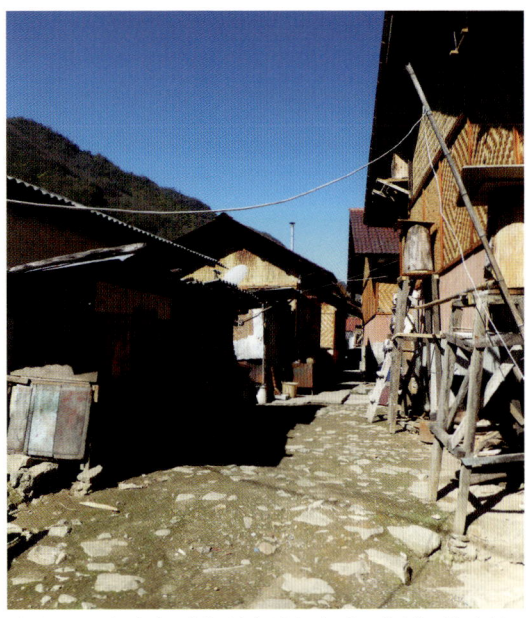

图4-5　乡政府原来所在地还保留"街道"的痕迹（摄于2016/01）

公路修通和乡政府搬迁到孔当村后，在社会各方面的大力支持下，很快修建了具有独龙族文化特色的小镇（图4-6至图4-9）。现在，独龙江乡的村民委员会所在地，都有像样的"街道"（图4-10）。

图4-6　在独龙江乡村政府原来的旧址上修建了新的服务设施（摄于2023/10）

图4-7　乡政府搬迁到孔当村后独龙江乡政府新的办公大楼（摄于2023/10）

图4-8 新建的具有独龙族文化特色的街道建筑（摄于2016/01）

图4-9 新乡政府所在地的主街道（摄于2016/01）

图4-10 新街道上经常呈现出车水马龙景象（摄于2023/10）

在乡政府所在地,修建了外观美丽、内容丰富的独龙族博物馆(图4-11、图4-12);建设有包括四星级宾馆(图4-13)在内的多家宾馆;即使在一些偏远、过去极为贫困的村寨,也建有极具特色的农家乐餐馆(图4-14、图4-15)、民宿酒店;在边境地带,也有一些建设较好但已废弃的建筑;从独龙江下游进入缅甸的出境点也有极具特色的国门(图4-16)。

图4-11　新建的独龙族博物馆外观(摄于2023/10)

图4-12　新建的独龙族博物馆内景(摄于2023/10)

图4-13　独龙江乡政府所在地的四星级酒店（摄于2023/10）

图4-14　钦郎当村的农家乐（摄于2023/10）

图4-15　普卡旺村的农家乐（摄于2021/04，王文玲提供）

图4-16　独龙江下游边境点的国门（摄于2023/10）

第二节　生活条件变化

以前,因地域封闭、通行困难,独龙江乡的市场经济发展远远滞后于其他区域。公路修通前,保障独龙江的物资供应是贡山县交通运输部门的一项十分艰巨的任务。每年大雪封山前,要突击抢运过冬物资;有时遇到突发灾害,还要组织大量的民工抢运。

1989年,市场经济发展很快,商品也日趋丰富,但在独龙江,连日常的生活用品仍然不易买到(图4-17),主要依靠国营商店经营。公路修通后,商品流通了,原来计划经济时代的主要供应商店(供销社,图4-18)逐渐退出市场。目前,如果没有遇到特大的自然灾害导致交通中断,独龙江的生活物资供应极为丰富,即使在下游靠近边境的村子,也能买到各类生活用品(图4-19、图4-20)。

图4-17　在乡政府原所在地巴坡最早出现的个体户(摄于1989/09)

图4-18　原乡政府所在地巴坡的供销社商店(摄于2016/01)

图4-19　乡政府新所在地孔当的超市（摄于2023/10）

图4-20　马库村的个体商店（摄于2023/10）

公路修通前，独龙江对外交往与通信很困难，"交通靠走，通信靠吼"。1989年进独龙江考察，到达贡山县城时，要依靠电报给单位报平安。进独龙江后，用了整个上午只打通过一次人工呼叫的电话，还听不清楚。到1992年，条件略有改善（图4-21、图4-22）。公路修通后，当地很快得到发展（图4-23）。

图4-21　当年巴坡唯一的卫星天线和太阳能板（摄于1992/08）

图4-22 早期的独龙江乡邮政所（摄于1989/09）

图4-23 乡政府新所在地的电信大楼（摄于2023/10）

第三节　居住条件变化

为了适应湿热的环境,独龙族基本上都住吊脚楼,过去多以草房为主;公路修通后,以往分散、漏雨的吊脚楼[图4-24(a)、图4-25(a)、图4-26(a)(b)、图4-27(a)、图4-28],经过新农村建设,都变成了宽敞、牢固的新居了[图4-24(b)至(d)]。现在的新农村建设得像是度假区[图4-25(b)(c)、图4-26(c)(d)、图4-27(b)(c)、图4-28至图4-30]。

(a)钦郎当村早期民房(摄于1989/10)

(b)钦郎当村新建民房(摄于2023/10)

(c)钦郎当村新建养老院(摄于2023/10)

(d)钦郎当村农家乐餐馆(摄于2023/10)

图4-24　钦郎当村的居住与生活条件变化

(a)马库村早期极为简陋的民房(摄于1989/09) 　　(b)马库村新建的民房(摄于2016/01)

(c)马库村新农村建设(摄于2023/10)

图4-25　马库村的居住与生活条件变化

(a)献九当村早期简易村落（摄于1992/08）  （b)献九当村早期简易民房（摄于1992/08）

(c)献九当村现在的民居（摄于2023/10）

(d)献九当村新貌（摄于2023/10）

图4-26 献九当村的居住与生活条件变化

(a)迪政当村旧貌(摄于1992/08)

(b)迪政当村新貌(摄于2023/10)

(c)迪政当村新貌(摄于2023/10)

图4-27 迪政当村的居住与生活条件变化

（摄于1992/08）

（摄于2023/10）

图4-28 雄当村早期的民房

图4-29 独务当村民房（摄于2023/10）

(a)龙元村民居(摄于2016/01)

(b)龙元村新貌(摄于2021/04,王文玲提供)

(c)龙元村新貌(摄于2023/10)

图4-30 龙元村的居住与生活条件变化

公路修通前，独龙江乡不通电，独龙族的生活极为艰辛、单调（图4-31、图4-32），一旦有外人来村，大家都会像过节一样穿上最漂亮的衣服，晚上聚在一起，载歌载舞，举行少有的篝火晚会，热闹非凡（图4-33、图4-34）。目前，住房条件改善了，各家各户都有自己的民居，有的还有小院子；居住分散了，又有手机和网络电视，除节假日外，很少再举行篝火晚会。

图4-31　雄当村的老人（摄于1992/08）

图4-32　雄当村多年的生活状况（摄于1992/08）

图4-33　雄当村快乐的年轻人（摄于1992/09）

图4-34　村民自行组织的篝火晚会热闹非凡（摄于1992/08）

第四节　医疗卫生条件变化

通公路前,独龙族聚居区的村民几乎全处于极端贫困状态,物资匮乏,缺医少药,卫生健康条件差。1989年考察时,当地只有乡政府所在地有卫生院(图4-35)。如今,不仅乡政府所在地有了条件较好的中心卫生院(图4-36),在一些聚落规模大的村还建有分院(图4-37)。

图4-35　独龙江乡早期唯一的卫生院(摄于1989/10)

图4-36　独龙江乡现在的中心卫生院（摄于2023/10） 　　　　　图4-37　龙元村委会卫生室（摄于2023/10）

在独龙江的新农村建设过程中，公共厕所变化极大。以前，乡政府所在地巴坡也只有一个简陋的公共厕所；在广大农村，几乎没有厕所（图4-38），也没有健康的饮用水设施。早期极差的医疗卫生条件导致婴幼儿死亡率较高。现在，当地已实现了村村有公共厕所、垃圾回收站，有的村还建有垃圾焚烧点（图4-39至图4-42）。

图4-38　献九当村早期的简易厕所（摄于1989/09）

图4-39　独龙江乡政府所在地的公厕（摄于2023/10）

图4-40　独龙江乡独龙族博物馆的公厕（摄于2023/10）

图4-41 马库村的公厕和垃圾分类回收箱（左图摄于2023/10；右图摄于2016/01）

图4-42 独龙江上游克劳洛村的旅游公厕（摄于2023/10）

第五节 教育条件变化

通公路前,独龙江乡的办学条件差,导致在中下游交通闭塞的村寨,小孩上学极为困难。在一些聚居相对集中的村子,即使能够上学,条件也极为艰苦(图4-43)。

图4-43 献九当村小学(摄于1989/10)

通公路后，办学条件发生了翻天覆地的变化。在多方的援助、援建支持下，不仅有了条件很好的中心小学（图4-44至图4-48），还办起了很好的幼儿园（图4-49、图4-50）。

图4-44　独龙江乡中心小学（摄于2016/01）

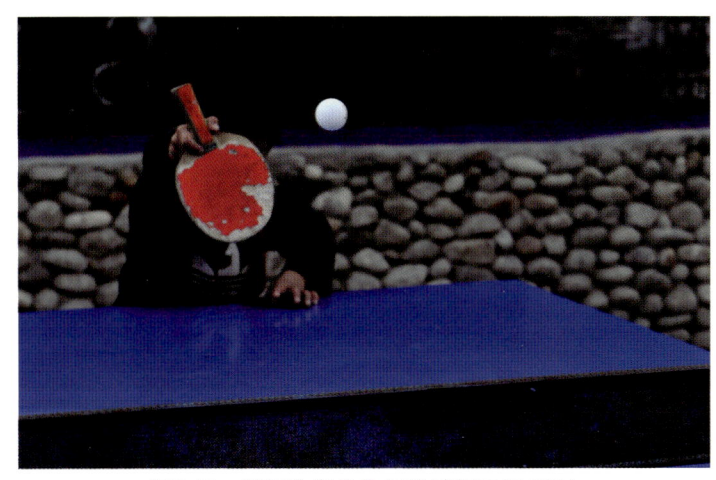

图4-45　课间休息学生打球（摄于2016/01）

图4-46　同学们愉快的课间活动（摄于2016/01）

图4-47　同学们愉快的课间活动（摄于2016/01）

图4-48　老师们愉快的课间活动（摄于2016/01）

图4-49　乡政府所在地漂亮的幼儿园（摄于2023/10）

图4-50　献九当村漂亮的幼儿园（摄于2023/10）

第五章

绿色发展与生态保护

乡村振兴与绿色发展是近年来国家狠抓的大事。中共中央、国务院印发《乡村振兴战略规划（2018－2022年）》，包括了产业振兴、人才振兴、文化振兴、生态振兴、组织振兴的全面振兴。2024年1月1日，《中共中央 国务院关于学习运用"千村示范、万村整治"工程经验有力有效推进乡村全面振兴的意见》中，进一步强调了要确保粮食安全、确保不发生规模性返贫，提升乡村产业发展水平、建设水平、治理水平等。

2011年，云南省怒江州印发《独龙江乡"巩固脱贫成效、实施乡村振兴"行动方案》，中期目标：到2025年，独龙风情小镇与美丽乡村建设融合发展，绿色香料产业和旅游产业成为两大支柱产业，农民生活更加富裕，乡风文明明显提升，民族团结进步全面加强，优秀传统文化得以传承发展，基层党组织建设进一步加强，发展乡村治理体系更加完善，乡村振兴取得重大突破。远期目标：到2035年把独龙江打造成云南及全国生态标兵，建设成世界级旅游目的地，乡村振兴取得决定性进展，农业农村现代化基本实现。

按这些文件精神，在独龙江与独龙族的绿色发展与乡村治理推进过程中，有一些值得思考、需要重视的问题（图5-1）。

图5-1　独龙族老人（摄于1989/10）

第一节　乡村建设与耕地保护

耕地资源稀缺是独龙族社会经济发展一个关键的制约因素，保护好稀缺的耕地资源至关重要。30多年前，在独龙江的河流阶地上曾考察发现多个沙金矿（化）点，但为了保护这里比金子还珍贵的耕地资源，至今未公开矿产资源分布图。公路建成后，河谷两岸越来越多地势平坦的土地相继变成了建设用地，耕地资源日渐紧缺，这对独龙族社会经济的可持续发展将带来持久的影响。

在独龙江的发展规划中，规划要发展独龙族风情小镇，以支持旅游支柱产业发展。但在地形陡峻、河谷狭窄、耕地稀缺、人居环境极为分散的独龙江流域，以传统山地农耕为主的独龙族，如何因地制宜地建设自己的人居环境（图5-2至图5-5），实现真正的美丽乡村、和谐乡村发展是个现实问题。

图5-2　普卡旺村宽广的停车场（摄于2023/10）

图5-3　龙元村宽广的坝子(摄于2023/10)

图5-4　迪政当村宽广的坝子（摄于2023/10）

图5-5 克劳洛村宽广的坝子（摄于2023/10）

在独龙江河谷公路沿线，越来越多的耕地被转换为基础设施和村镇建设用地。由于缺乏总体规划和严格的管理，土地非农化现象较为突出。水热条件较好、地势相对平坦、交通方便的地方，耕地的消失最快（图5-6），这将极大地影响独龙江乡的可持续发展。

图5-6　雄当村闲置的建设用地（摄于2023/10）

第二节 乡村管理与旅游业发展

旅游是独龙江发展规划的主要支柱产业,依托的是其独特、神秘的自然环境和民族文化。目前,该区生态环境极为优良,民族文化也极具特色,但需要推进和维持旅游业发展的关键因素是加强乡村管理,如居民房的整洁、美观和民宿用房的规范化管理,厕所的清洁卫生等(图5-7至图5-13)。

图5-7 普卡旺村的旅游接待房(摄于2023/10)

图5-8 钦郎当村的民居(摄于2023/10)

图5-9 独务当村的民居(摄于2023/10)

图5-10 迪政当村的民居（摄于2023/10）

图5-10 （续）

图5-11 克劳洛村的民居（摄于2023/10）

图5-12 龙元村的厕所（摄于2023/10）

图5-13 马库村的厕所（摄于2016/01）

第三节 民族文化传承与保护

独龙江与独龙族,其独特自然环境与人文要素密切耦合形成高山峡谷人地复合系统,独龙族独特的传统文化是在适应当地资源环境特点的长期过程中形成的(图5-14),本质上属于生态文化。如果生态环境和资源利用方式等都发生了巨大变化,如何把特色传统文化留住?

独特神秘的自然环境和民族文化,是独龙江旅游业发展的基础,但旅游发展的容量有限。当前,规划将旅游作为支柱产业发展,要高度重视传统生态文化的保护,否则将失去特色旅游发展的根基。现有的一些景点和建筑,有的保留了传统文化特色(图5-15、图5-16),有的则看不出传统文化特色(图5-17、图5-18)。

图5-14 独龙族民族传统服饰独龙毯(摄于1992/08)

图5-15　普卡旺村旅游景点（摄于2025/05）

图5-16　独龙江保留了传统文化特色的大桥（摄于2025/05）

图5-17　独龙江乡政府所在地下游建设的新村

图5-18　独龙江乡政府所在地下游建设的宾馆（摄于2025/05）

第四节　乡村振兴与生态保护

面对独龙江和独龙族这样独特的人地复合系统,在乡村工作重点从脱贫攻坚向全面推进乡村振兴之际,需要综合权衡生态文化体系、生态经济体系、生态文明制度体系和生态安全保障体系的协调,保障人地和谐与可持续发展(图5-19)。

绿色发展与生态保护是当前乡村振兴的重点,更是独龙族美丽乡村、和谐社会建设的关键措施。这方面的工作,目前看来,总体是好的,但也面临一些问题,如林下产品开发与生物多样性保护问题,乡村振兴与整体发展、乡村治理与生态环境管理问题等。

图5-19　修建到钦郎当边境的公路时发生滑坡(摄于2023/10)

独龙江流域的生物资源、旅游资源、自然景观资源等，其优势在于种类的多样性，但规模优势并不突出，需要制订综合性的持续（绿色）发展规划。近年来独龙江两岸的林下种植了大量的草果，虽然带来了突出的经济效益，但频繁的除草作业极不利于林下植物多样性的维护（图5-20、图5-21）。在独龙江发展规划中，将绿色香料作为支柱产业发展，如何保障河谷地带的生物多样性是一个必须面对的问题。

图5-20　马库村的林下草果种植（摄于2023/10）

图5-21　马库村采摘的草果（摄于2023/10）

独龙族过去的贫困是普遍的、深层次的，近些年的精准扶贫取得了整体脱贫的显著成效，但在一些远离较大聚落环境的自然村和农户，经济落后问题仍然突出（图5-22、图5-23）。乡村振兴需要多途径推进、精准到农户，让更多小农户也能分享到乡村产业振兴的收益。目前，在独龙江支流一些交通不便的农村，发展仍较滞后，还处于经济落后状态，需要再加大扶持力度，缩小区域发展差异。

图5-22 南代村的居民住房现状（摄于2021/04，王文玲提供）

图5-23 龙仲村的民居（摄于2021/04，王文玲提供）

交通条件的改善和对高质量生活的追求，导致独龙江乡近年来劳动力外流问题日益突出。乡村人才振兴，要兼顾培育新型职业农民与吸引社会人才，特别是要增加就业机会，减少受过教育的青年劳动力外流。此外，独龙江是国际河流，该区发展与保护的跨境协调对边境稳定也至关重要。